YOGA ASANAS

초판 인쇄 | 2007년 8월 7일
초판 발행 | 2007년 8월 17일

지은이 | 이승아(나디아)
발행인 | 김태웅
편집장 | 김연한
교정 | 박은정
디자인 | 안성민
사진 | 스튜디오 4tobar (02-704-8825)
의상 | 나디아 요가웨어, 리복, 바디앤 소울, 우드리
헤어·메이크업 | 비욘드 스타일 휘오레(02-512-5525)
영업 | 이길구, 김부현, 김지현, 박종원, 이용주
제작 | 이시우

발행처 | 동양문고·상상공방
등록 | 제 10-806호(1993년 4월 3일)
주소 | 서울시 마포구 서교동 463-16호 (121-841)
전화 | (02)337-1737
팩스 | (02)334-6624
홈페이지 | http://www.dongyangbooks.com

ⓒ2007 Dongyang Books
ISBN 978-89-8300-563-2 13690

Nadia's 425 Pose

YOGA ASANAS

이승아 (나디아) 지음

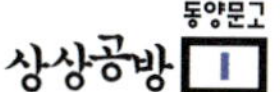

인간 본성을 회복하기 위한
심신의 수련 법 YOGA…

요가가 자신감을 길러주고 자기목표를 이루는 데 큰 도움을 주며, 유연성과 근력을 발달시켜 몸의 균형을 맞추어 주는 것에 대해서 요가 선생님이나 성실한 학생들은 모두 알고 있을 것입니다. 또한, 예방 의학으로써 만성 질환을 대처하며, 성인병을 예방하고 회복시키는 데 큰 도움이 될 수 있다는 요가의 큰 힘을 많은 사람들이 믿고 있습니다. 대부분의 사람들이 요가가 근대 과학의 기초가 부족한 종교라고 잘못 이해하고 있었던 예전과는 달리, 지금은 현대의 대체의학이라고 할 만큼 대부분의 과학자들과 의사들도

많은 사람들에게 요가를 권장하고 있는 것이 사실이며, 요가를 대체의학 측면에서 끊임없이 연구하는 사람들 말에 의하면 요가는 인간 본성을 회복하기 위한 심신의 수련 법이자 각종 질병을 예방하고 치료하는 가장 이상적인 운동체계라고 말합니다.

그러나, 요가를 경험하는 사람들은 요가를 어떻게 하는 것이 현실적인 치료방법이 될 수 있으며, 요가를 통해 변하는 신체 시스템이 객관적으로 어떻게 분석되어 의학과 상관관계를 이루는가에 대해서 궁금해 하고 있습니다. 그러한 관점에 있어서 특별히 강조되는 것은 근골격계, 신경계, 호흡계, 심혈관계 시스템이고, 이 시스템은 요가호흡과 요가자세를 통해서 자연스럽게 작동하게 됩니다. 이렇듯, 요가호흡과 요가자세를 통한 우리 몸의 신비로운 변화는 해부학적, 생리학적 기초 원리를 바탕으로 이루어지는 것이며, 요가의 각 자세와 호흡에서 강조하는 해부학적, 생리학적 자각이 신체의 내외적 우아함과 아름다움을 만들 수 있을 뿐만이 아니라, 체내의 원만한 생리작용을 도와주고 심신의 건강까지 지켜주게 되는 것입니다.

때문에, 요가를 하는 데에 가장 중요한 것은 유연성이 아니라, 자신의 한계 내에서 무리 없이 신체의 움직임과 호흡을 관찰하고 자각하는 것이며, 뻣뻣한 사람도 움직임과 호흡을 관찰하고 자각하면서 수련을 한다면 움직이는 명상의 효과와 더불어 심신이 자유롭고 아름답게 변할 수 있을 것입니다.

이 책의 수많은 아사나들은 고유의 명칭과 초보자자세, 수많은 변형자세들로 구성되며, 균형과 정확성을 중요시하는 아사나의 섬세함과 정확함을 직접 눈으로 확인할 수 있을 것입니다. 현재 요가를 가르치는 사람들과 배우고 있는 모든 사람들에게 이 책을 권하고 싶으며, 올바른 아사나를 통해 진정한 수행 법을 터득하는 데에 큰 영향을 미칠 수 있을 것입니다.

마지막으로, 책을 만드는 데 큰 도움을 주신 동양문고 김태웅 사장님, 안성민 팀장님, 4TOBAR 스튜디오 김준모 실장님, 안상규 실장님, 비욘도 스타일 휘오레 이나르 선생님, 김여정 선생님, 리복 대표 마이클 콜란, 문상운 과장님, 나디아 요가 컬리지 임직원들과 회원님들, 많은 사람들에게 건강과 행복을 나누어 줄 수 있도록 건강하게 낳아주신 부모님께 진심으로 감사 드립니다.

요가 수행은 육체의 한계를 극복하는 것을 목표로 합니다.

요가를 올바르게 수행하는 자는 요가의 궁극적인 목적과 더불어 그 목적을 이루는 수단도 함께 제공 받게 되며, 더 나아가서는 참된 인생의 가치가 무엇인지를 깨달을 수 있을 것입니다. 지금 현대인들은 삶의 가치상실로 인한 혼란과 고통에서 벗어나지 못한 채 괴로움과 아픔을 호소하며 살아갑니다.

몸과 마음의 무거운 짐을 다 벗어버리고 자유와 행복을 누리고 싶다면, 인생을 충만하고 즐겁게 영위해 나아가고 싶다면, 진정한 평화를 맛보고 싶다면, 지금 요가를 시작해 보세요.!!

대부분의 사람들이 생각할 때 요가 아사나는 체형교정과 다이어트에 좋은 운동방법이라고 단순하게 판단하기도 합니다. 요가 아사나는 요가수련의 필수적인 행법 중에 하나로, 외부의 자아와 내면적 자아간의 소통을 이루기 위해 마음과 자아를 완전히 몰입시킨 채 육체를 다양한 자세로 만드는 방법입니다.

요가 아사나를 실시할 때에는 성공이나 실패에 관여하지 않고 행위를 결과로 추구하지 않아야 하며, 실천 자체만을 위한 수행이어야 합니다. 이를 위해서는 신념, 기억, 힘에 대응하는 힘, 몰입, 지혜가 필요하며, 이것은 몸과 마음의 평정을 얻게 해 줍니다. 요가 아사나를 통해 몸과 마음의 움직임을 구체적으로 경험하게 되면 내면의 잠재력을 깨우고 해부학적, 생리학적 체계의 균형과 안정을 회복시키는데 큰 도움 받을 수 있습니다.

또한 다양한 자세들은 체내 신진대사를 원활하게 해 주고 내분비계통의 기능을 증진시켜 주어 활력과 원기를 회복하고 자신감을 길러줍니다.

이와 같이 아사나는 생리작용뿐만 아니라 심리작용에도 큰 영향을 미쳐 단순히 육체운동이라고만 볼 수 없다라는 사실을

꼭 인지해야 합니다.

아사나는 호흡조절법인 프라나야마와 함께 육체와 정신을 잇는 가교가 되며, 마음이 머무는 육체를 온전히 다스리게 하여 영원한 자유를 누릴 수 있도록 해 줍니다.

Contents

SEATED POSES

FLOOR POSES

PRONE & SUPINE POSES

ARM BALANCING &
INVERSIONS POSES

RELAXATION **POSES**

MEDITATION **POSES**

STANDING POSES

▶ 산 자세

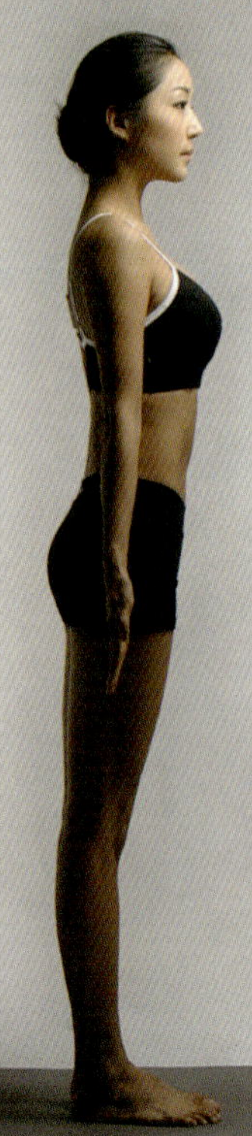

| Tadasana

| Mountain Pose
(Beginner)

| Tadasana | Mountain Pose
(Variation) |

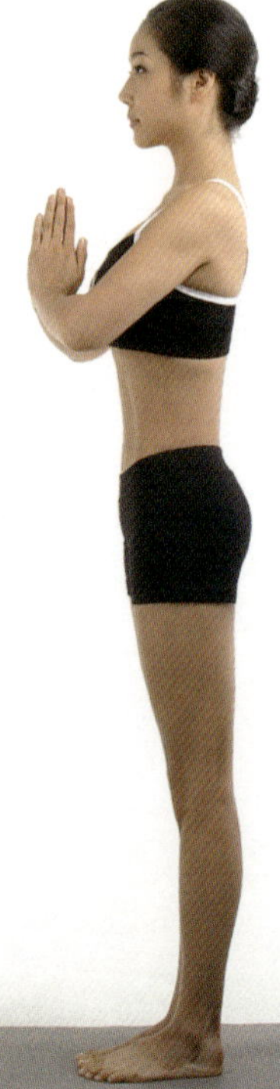

| Tadasana | Mountain Pose
(Variation)

| Tadasana | Mountain Pose (Variation) |

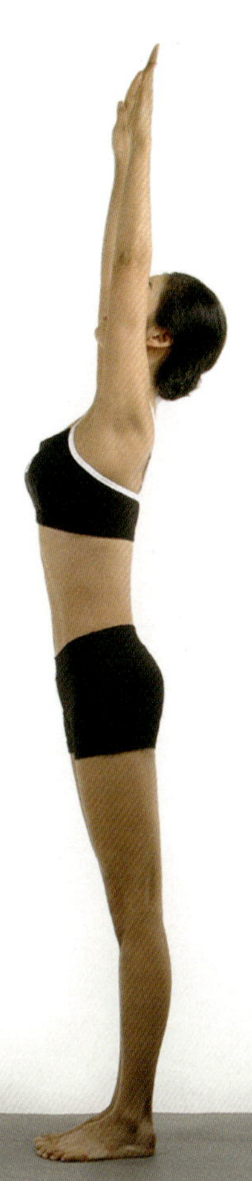

| Tadasana | Mountain Pose (Variation)

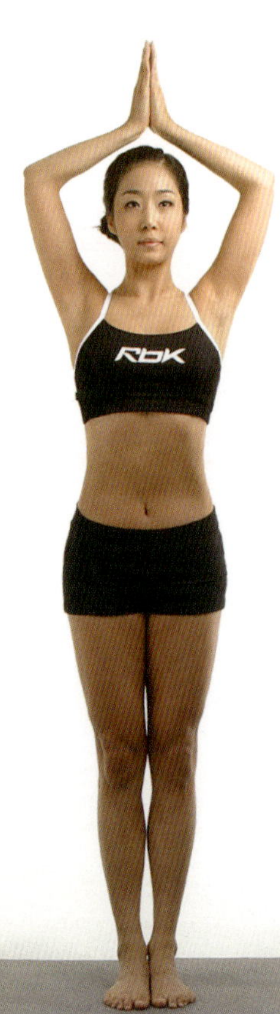
RbK

Mountain Pose
(Variation)

25

◀

Rbk

Tadasana

Mountain Pose (Variation)

| Tadasana

| Mountain Pose
(Variation)

▶ 나무 자세

30
▶

31

Vrkshasana

Tree Pose
(Variation)

Vrkshasana

Tree Pose (Variation)

| Vrkshasana | Tree Pose (Variation) |

Vrkshasana

Tree Pose
(Variation)

| Vrkshasana | Tree Pose (Variation)

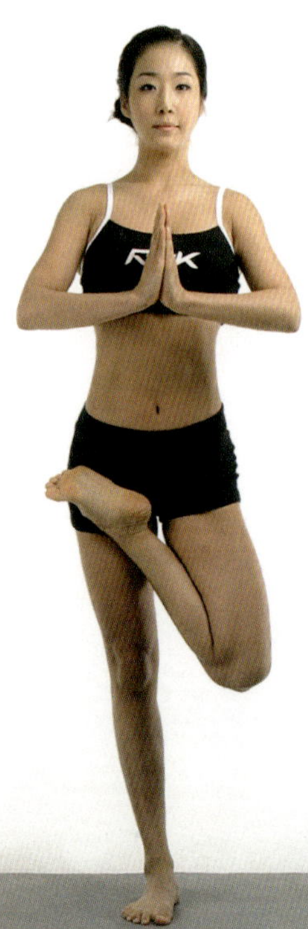

Tree Pose
(Variation)

| Vrkshasana | Tree Pose (Variation)

▶ 서서 상체 숙이기 자세

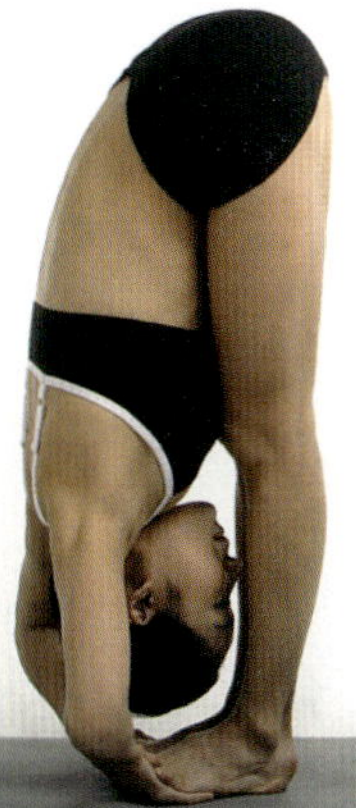

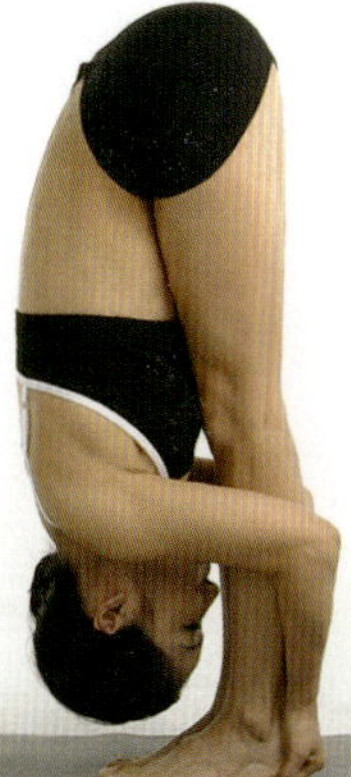

Uttanasana | Intense Stretch Pose (Variation)

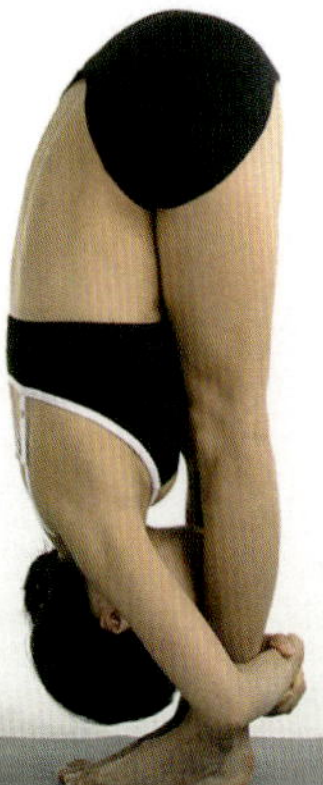

Intense Stretch Pose
(Variation)

| Uttanasana | Intense Stretch Pose (Variation) |

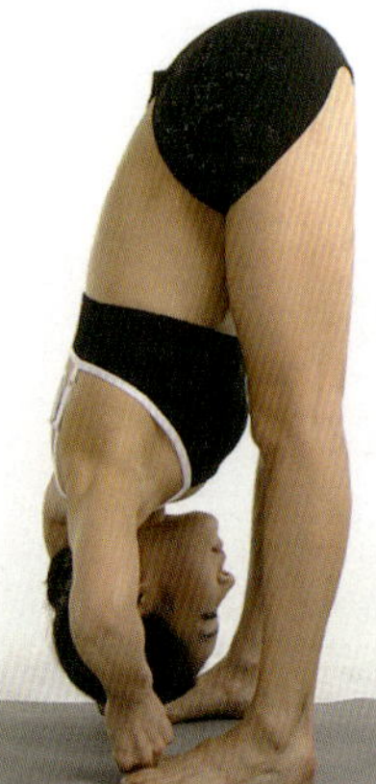

| Uttanasana | Intense Stretch Pose (Variation)

| Uttanasana | Intense Stretch Pose (Variation)

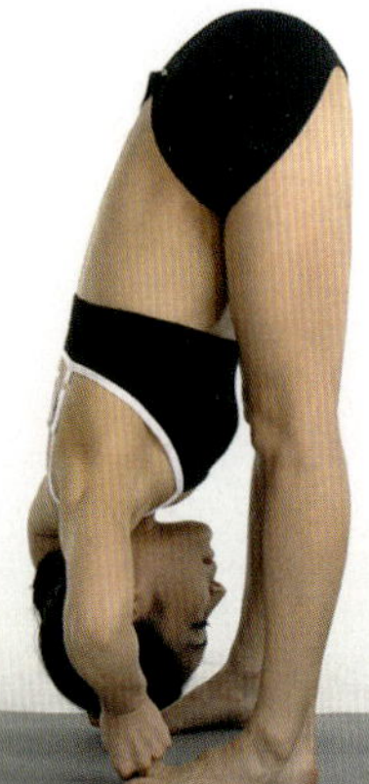

| Uttanasana | Intense Stretch Pose (Variation)

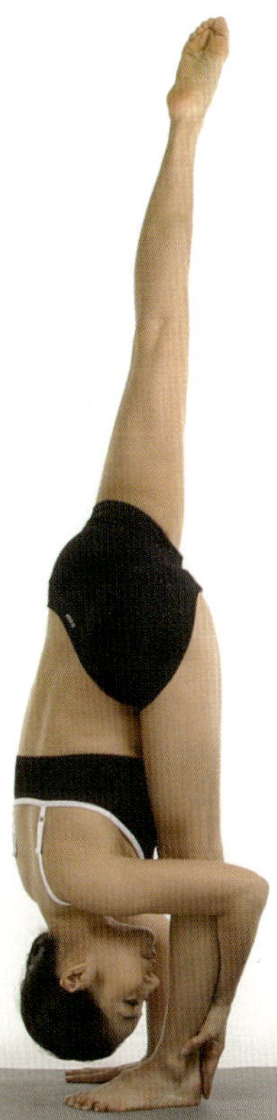

| Uttanasana | Intense Stretch Pose (Variation)

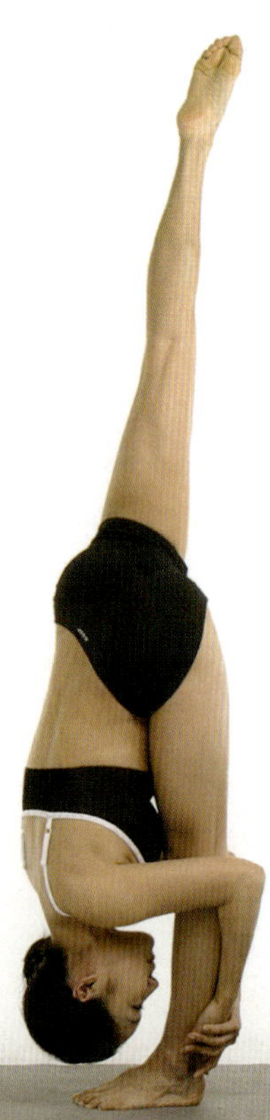

Prasarita-Padottanasana
프라사리타 파도타나아사아

Spread Out Leg Intense Stretch Pose

▶ 서서 다리벌려 상체 숙이기 자세

54

| Prasarita-Padottanasana | Spread Out Leg Intense Stretch Pose (Variation)

◀

Prasarita-Padottanasana

Spread Out Leg Intense Stretch Pose (Variation)

| Prasarita-Padottanasana | Spread Out Leg Intense Stretch Pose (Variation)

58

STANDING **POSES**

| Prasarita-Padottanasana | Spread Out Leg Intense Stretch Pose (Variation)

◀

Prasarita-Padottanasana

Spread Out Leg Intense Stretch Pose (Variation)

| Prasarita-Padottanasana | Spread Out Leg Intense Stretch Pose (Variation)

Utkatasana

Fierce Pose
(Beginner)

Utkatasana

Fierce Pose
(Variation)

Utkatasana

Fierce Pose (Variation)

STANDING **POSES**

▶ 전사 자세 I

67

| Virabhadrasana I | | Warrior Pose I
(Beginner)

68

| Virabhadrasana II | Warrior Pose II
(Beginner)

▶ 전사 자세 Ⅲ

▶ 춤의 여왕 자세

74

▶

| Natarajasana | Dancer's Pose (Variation)

| Natarajasana | Dancer's Pose (Variation) |

| Natarajasana | Dancer's Pose
(Variation)

| Natarajasana | Dancer's Pose (Variation) |

| Natarajasana | Dancer's Pose
(Variation)

Garudasana 가루다아사나 | Eagle Pose

▶ 독수리 자세

Garudasana

Eagle Pose
(Beginner)

| Garudasana | Eagle Pose (Variation)

| Garudasana | Eagle Pose
(Variation)

▶ 구부러진 나무 자세

| Patanvrkshasana | Toppling Tree Pose (Beginner)

Patanvrkshasana

Toppling Tree Pose
(Variation)

| Patanvrkshasana | Toppling Tree Pose (Variation)

STANDING **POSES**

88

▶ 발레 자세

| Natyasana | Ballet Pose (Beginner)

90

Natyasana

Ballet Pose
(Variation)

Ballet Pose
(Variation)

Ballet Pose
(Variation)

Utthita-Hasta-Padangushtasana
웃티타 하스타 파당구쉬타아사아

Standing Hand to Big Toe Pose

▶ 서서 엄지발가락 잡고 다리 들어 올리는 자세

| Utthita-Hasta-Padangushtasana | Standing Hand to Big Toe Pose (Beginner)

Utthita-Hasta-Padangushtasana | Standing Hand to Big Toe Pose (Variation)

Utthita-Hasta-Padangushtasana | Standing Hand to Big Toe Pose (Variation)

| Utthita-Hasta-Padangushtasana | Standing Hand to Big Toe Pose (Variation)

Utthita-Hasta-Padangushtasana | Standing Hand to Big Toe Pose (Variation)

Ardha-Baddha-Padmottanasana
아르다 반다 파드모타나아사나

Half-Bound Lotus Intense Stretch Pose

▶ 반가부좌로 상체 숙이는 자세

Ardha-Baddha-Padmottanasana | Half-Bound Lotus Intense Stretch Pose (Beginner)

Ardha-Baddha-Padmottanasana

Half-Bound Lotus Intense Stretch Pose (Variation)

▶ 측면으로 다리벌려 상체 숙이기 자세

| Parshvottanasana | Side Intense Stretch Pose (Beginner) |

| Parshvottanasana | Side Intense Stretch Pose (Variation)

Parshvottanasana

Side Intense Stretch Pose
(Variation)

Parshvottanasana

Side Intense Stretch Pose (Variation)

110

▶ 삼각형 자세

Utthita-Trikonasana

Triangle Pose
(Beginner)

Triangle Pose
(Variation)

113

| Utthita-Trikonasana | Triangle Pose (Variation) |

115

▶ 회전 삼각형 자세

Parivrtta-Trikonasana

Revolving Triangle Pose
(Beginner)

| Parivrtta-Trikonasana | Revolving Triangle Pose (Variation)

Ardha-Chandrasana 아르다 찬드라아사나 | Half Moon Pose

▶ 반달 자세

Ardha-Chandrasana

Half Moon Pose
(Beginner)

Ardha-Chandrasana

Half Moon Pose
(Variation)

Parivrtta-Ardha-Cliandirasana
파리브리타 아드라 찬드라아사나

Revolved Half Moon Pose

▶ 회전 반달 자세

Parivrtta-Ardha-Cliandirasana | Revolved Half Moon Pose (Beginner)

Utthita-Parshvakonasana

웃티타 파르스바코나아사아

Extended Side Angle Pose

▶ 상체를 측면으로 기울이는 자세

Utthita-Parshvakonasana

웃티타 파르스바코나아사아

Extended Side Angle Pose

| Utthita-Parshvakonasana | Extended Side Angle Pose (Beginner) |

| Utthita-Parshvakonasana | Extended Side Angle Pose (Variation)

| Utthita-Parshvakonasana | Extended Side Angle Pose (Variation)

Utthita-Parshvakonasana

Extended Side Angle Pose (Variation)

| Utthita-Parshvakonasana | Extended Side Angle Pose (Variation)

Utthita-Parshvakonasana

Extended Side Angle Pose
(Variation)

132

Parivrtta-Parshvakonasana | Revolved Side Angle Pose
(Beginner)

Parivrtta-Parshvakonasana | Revolved Side Angle Pose (Variation)

진정한 수행 법을 터득하는 것은,
지금까지 잘못 배운 것을
잊어버리는 기술이다.

SEATED POSES

▶ 앉아서 상체 숙이기 자세

| Paschimatanasana | Sitting Forward Bend Pose (Beginner) |

142

Paschimatanasana | Sitting Forward Bend Pose (Variation)

Paschimatanasana | Sitting Forward Bend Pose
(Variation)

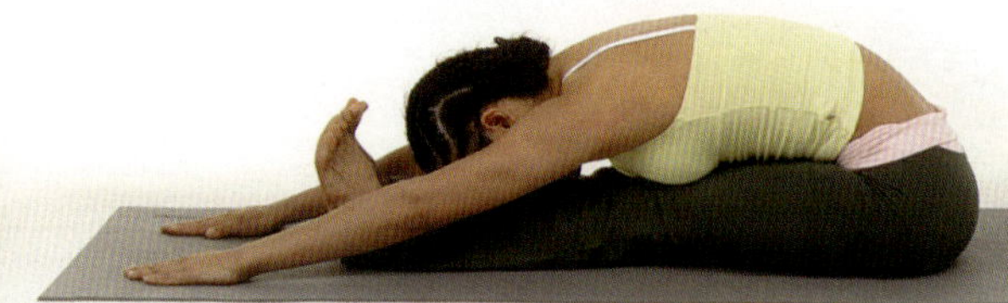

Paschimatanasana | Sitting Forward Bend Pose (Variation)

▶

▶ 한 다리 구부리고 머리와 무릎 대는 자세

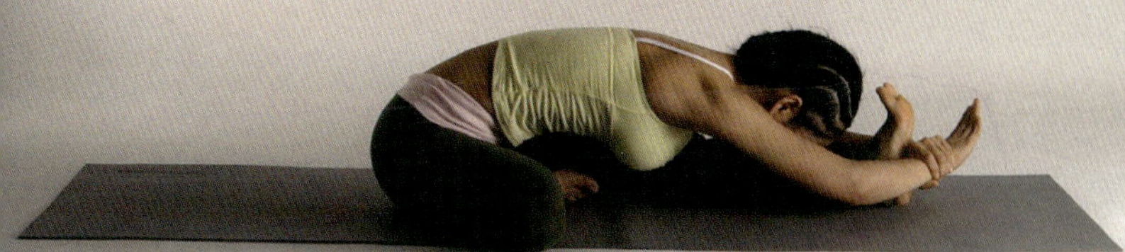

▶

Tryanga-Mukhaikapada-Paschimatanasana

트리앙가 무카이카파다 파스치모타다아사나

Three-Limbed Facing One-Foot Back Stretch Pose

▶ 한 다리를 바깥쪽으로 구부려서 상체 숙이기 자세

Three-Limbed Facing One-Foot Back
Stretch Pose (Beginner)

154

| Tryanga-Mukhaikapada-Paschimatanasana | Three-Limbed Facing One-Foot Back Stretch Pose (Variation) |

156

▶ 마리챠 자세(현인의 자세) I

| Marichyasana I | Pose of the Sage Marichi I
(Beginner)

| Marichyasana I | Pose of the Sage Marichi I (Variation) |

▶ 마리차 자세(현인의 자세) II

▶ 마리챠 자세(현인의 자세) Ⅲ

Marichyasana III | Pose of the Sage Marichi III (Beginner)

Ardha-Baddha-Padma-Paschimatanasana 아르다 받다 파드마 파스치모타나아사나

Half-Bound Lotus Back Stretch Pose

▶ 반가부좌로 상체 숙이기 자세

Ardha-Baddha-Padma-
Paschimatanasana

Half-Bound Lotus Back Stretch Pose
(Beginner)

| Ardha-Baddha-Padma-Paschimatanasana | Half-Bound Lotus Back Stretch Pose (Variation) |

Ardha-Baddha-Padma-
Paschimatanasana

Half-Bound Lotus Back Stretch Pose
(Variation)

Parivrtta-Janu-Shirshasana

파리브리타 자누 시르사아사나

Revolving Head-to-Knee Pose

▶ 상체를 측면으로 회전하여 기울이는 자세

Parivrtta-Janu-Shirshasana

Revolving Head-to-Knee Pose (Beginner)

| Parivrtta-Janu-Shirshasana | Revolving Head-to-Knee Pose (Variation)

▶ 영웅 자세

Virasana

Hero Pose
(Beginner)

| Virasana | Hero Pose
(Variation)

Hero Pose
(Variation)

| Virasana | Hero Pose (Variation) |

Virasana

Hero Pose
(Variation)

Hero Pose
(Variation)

▶

◀

▶

Virasana

Hero Pose
(Variation)

Virasana

Hero Pose
(Variation)

Virasana

Hero Pose
(Variation)

| Virasana | Hero Pose
(Variation)

▶

▶ 소머리 자세

| Gomukhasana | Cowface Pose
(Beginner)

SEATED **POSES** ▶

▶ 나비 자세

▶

Baddha-Konasana | Bound Angle Pose
(Beginner)

194

Baddha-Konasana

Bound Angle Pose
(Variation)

Baddha-Konasana | Bound Angle Pose
(Variation)

| Baddha-Konasana | Bound Angle Pose (Variation) |

▶

▶ 왜가리 자세

Krounchasana

Heron Pose
(Variation)

Heron Pose
(Variation)

Krounchasana

Heron Pose
(Variation)

Heron Pose
(Variation)

Krounchasana

Heron Pose
(Variation)

Urdhva-Mukha-Paschimatanasana | Upward Facing Back Stretch Pose

우르드바 무카 파스치모타나아사나

▶ 위로 향해 몸을 신장시킨 자세

Urdhva-Mukha-Paschimatanasana | Upward Facing Back Stretch Pose (Beginner)

Urdhva-Mukha-Paschimatanasana | Upward Facing Back Stretch Pose (Variation)

Urdhva-Mukha-Paschimatanasana | Upward Facing Back Stretch Pose (Variation)

| Urdhva-Mukha-Paschimatanasana | Upward Facing Back Stretch Pose (Variation)

Urdhva-Mukha-Paschimatanasana | Upward Facing Back Stretch Pose (Variation)

▶ 원숭이 신 자세

213

| Hanumanasana | Pose of the Lord Hanuman /
Leg-Split Pose (Beginner)

214

►

Pose of the Lord Hanuman /
Leg-Split Pose (Variation)

215

Hanumanasana

Pose of the Lord Hanuman /
Leg-Split Pose (Variation)

Hanumanasana

Pose of the Lord Hanuman /
Leg-Split Pose (Variation)

218

Upavishta-Konasana 우파비스타 코나아사나 | Seated Angle Pose

▶ 박쥐 자세

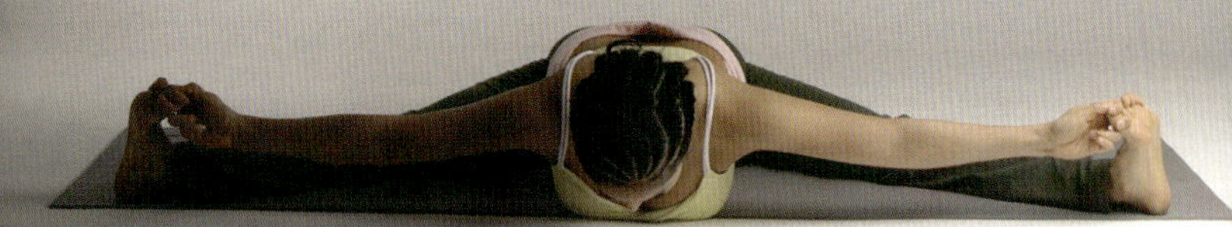

222

►

Upavishta-Konasana | Seated Angle Pose (Variation)

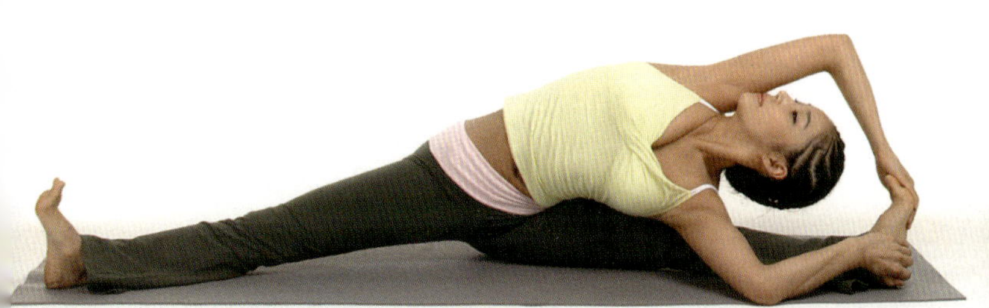

▶ 거북이 자세

Kurmasana

Tortoise Pose
(Beginner)

Eka-Pada-Rajak-Kapotasana

에카 파다 라자 카포타아사나

One-Leg Pigeon Pose

▶ 비둘기 자세

Eka-Pada-Rajak-Kapotasana | One-Leg Pigeon Pose
(Beginner)

Eka-Pada-Rajak-Kapotasana | One-Leg Pigeon Pose (Variation)

Eka-Pada-Rajak-Kapotasana

One-Leg Pigeon Pose
(Variation)

▶

Eka-Pada-Rajak-Kapotasana | One-Leg Pigeon Pose
(Variation)

▶ 반 물고기 신 자세

| Ardha-Matsyendrasana | Half Spinal Twist (Beginner) |

▶

Ardha-Matsyendrasana | Half Spinal Twist (Variation)

FLOOR POSES

▶ 낙타 자세

▶

| Ushtrasana | Camel Pose
(Beginner)

Ushtrasana

Camel Pose
(Variation)

Ushtrasana

Camel Pose
(Variation)

▶ 토끼 자세

| Shashankasana | Hare Pose (Beginner) |

| Shashankasana | Hare Pose (Variation) |

▶ 고양이 자세 A

▶ 고양이 자세 B

250

▶

Marjaryasana

Cat Stretch Pose A
(Variation)

Cat Stretch Pose B
(Variation)

Marjaryasana

Cat Stretch Pose A
(Variation)

Marjaryasana

Cat Stretch Pose B
(Variation)

| Marjaryasana | Cat Stretch Pose A (Variation)

256

Marjaryasana

Cat Stretch Pose
(Variation)

▶ 뱀 자세

Bhujangasana

Cobra Pose
(Beginner)

Bhujangasana

Cobra Pose
(Variation)

| Bhujangasana

| Cobra Pose
(Variation)

Cobra Pose
(Variation)

▶

Bhujangasana

Cobra Pose
(Variation)

Bhujangasana

Cobra Pose
(Variation)

▶ 상체 뒤로 젖히는 자세

267

Purvatanasana

Front Stretch Pose
(Beginner)

Purvatanasana

Front Stretch Pose
(Variation)

Purvatanasana

Front Stretch Pose
(Variation)

◄

Ashva-Sanchalanasana
아쉬바 산차라나아사나

Eguestrian Pose

▶ 기마 자세

| Ashva-Sanchalanasana | Eguestrian Pose
(Beginner)

Ashva-Sanchalanasana

Eguestrian Pose
(Variation)

▶ 십자가 자세

275

276

Yajnasana

Christ's Cross Pose
(Variation)

Chaturanga-Dandasana
차투랑가 단다아사나

Four-Limbed Staff Pose

▶ 악어 자세

Chaturanga-Dandasana | Four-Limbed Staff Pose
(Beginner)

Chaturanga-Dandasana | Four-Limbed Staff Pose (Variation)

Adho-Mukha-Svanasana
아도 무카 스바나아사나

Downward-facing Dog Pose

▶ 엎드려서 고개 숙인 견 자세

Adho-Mukha-Svanasana | Downward-facing Dog Pose (Beginner)

Adho-Mukha-Svanasana

Downward-facing Dog Pose
(Variation)

Adho-Mukha-Svanasana

Downward-facing Dog Pose
(Variation)

Adho-Mukha-Svanasana | Downward-facing Dog Pose (Variation)

| Adho-Mukha-Svanasana | Downward-facing Dog Pose (Variation)

Adho-Mukha-Svanasana | Downward-facing Dog Pose (Variation)

Adho-Mukha-Svanasana | Downward-facing Dog Pose (Variation)

Ardha-Baddha-Padma-Prapardasana 아르다 받다 파드마 프라팔다아사나

Half-Bound Lotus Tiptoe Pose

▶ 반가부좌 해서 한 발로 서기 자세

Ardha-Baddha-Padma-
-Prapardasana

Half-Bound Lotus Tiptoe Pose
(Beginner)

| Ardha-Baddha-Padma-
-Prapardasana | Half-Bound Lotus Tiptoe Pose
(Variation) |

| Ardha-Baddha-Padma-
-Prapardasana

| Half-Bound Lotus Tiptoe Pose
(Variation)

Ardha-Baddha-Padma-
-Prapardasana

Half-Bound Lotus Tiptoe Pose
(Variation)

▶ 다리 자세

| Setu-Bandha-Sarvangasana | Bridge Shoulder Stand Pose (Beginner) |

Setu-Bandha-Sarvangasana | Bridge Shoulder Stand Pose
(Variation)

Setu-Bandha-Sarvangasana | Bridge Shoulder Stand Pose (Variation)

Setu-Bandha-Sarvangasana

Bridge Shoulder Stand Pose (Variation)

Setu-Bandha-Sarvangasana | Bridge Shoulder Stand Pose
(Variation)

| Setu-Bandha-Sarvangasana | Bridge Shoulder Stand Pose (Variation)

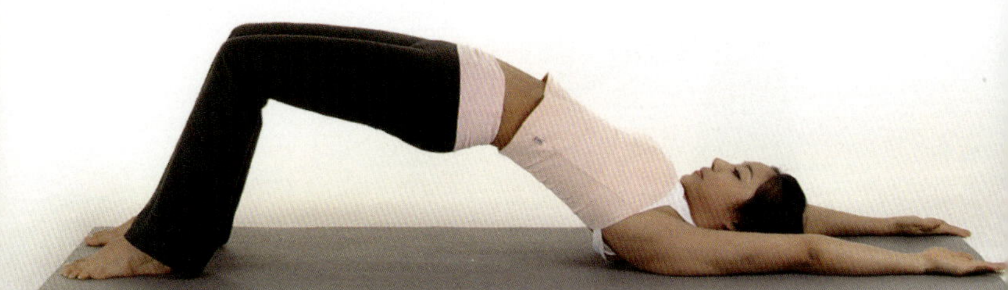

Setu-Bandha-Sarvangasana

Bridge Shoulder Stand Pose
(Variation)

Sukha-Matsyasana

Easy Fish Pose (Beginner)

| Sukha-Matsyasana | Easy Fish Pose
(Variation)

Sukha-Matsyasana

Easy Fish Pose (Variation)

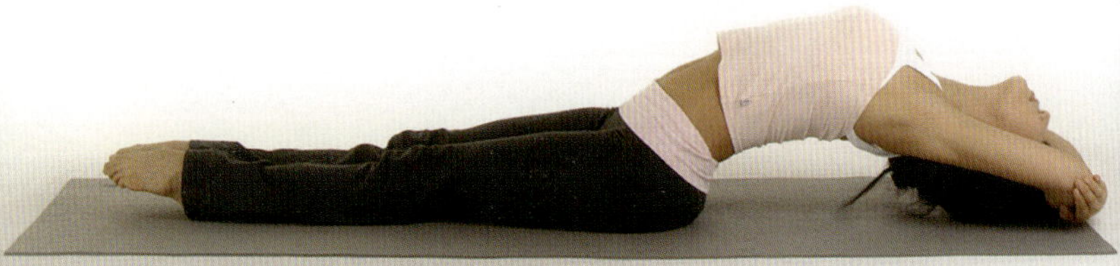

| Sukha-Matsyasana | Easy Fish Pose (Variation)

Sukha-Matsyasana

Easy Fish Pose
(Variation)

◄

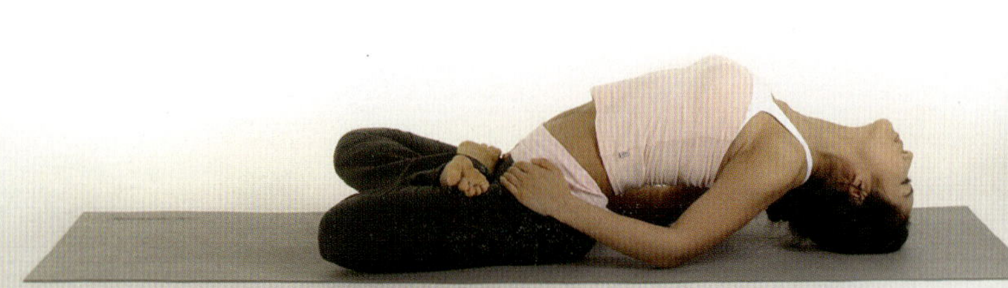

| Sukha-Matsyasana | Easy Fish Pose (Variation)

Sukha-Matsyasana | Easy Fish Pose (Variation)

Urdhva-Dhanurasana

Raised Bow Pose
(Beginner)

| Urdhva-Dhanurasana | Raised Bow Pose (Variation) |

Urdhva-Dhanurasana

Raised Bow Pose
(Variation)

Urdhva-Dhanurasana

Raised Bow Pose
(Variation)

Urdhva-Dhanurasana

Raised Bow Pose
(Variation)

PRONE & SUPINE POSES

▶ 활 자세

Dhanurasana

Bow Pose
(Beginner)

Dhanurasana

Bow Pose
(Variation)

Shalabhasana 사라바아사나　｜　Locust Pose

▶ 메뚜기 자세

Shalabhasana

Locust Pose
(Beginner)

▶

Shalabhasana

Locust Pose
(Variation)

Shalabhasana

Locust Pose
(Variation)

Shalabhasana

Locust Pose
(Variation)

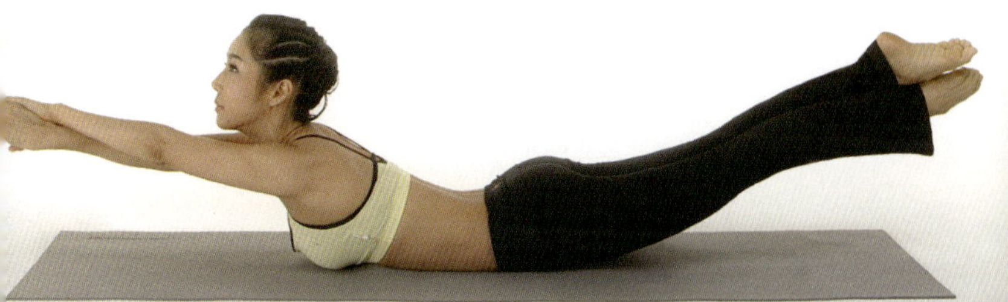

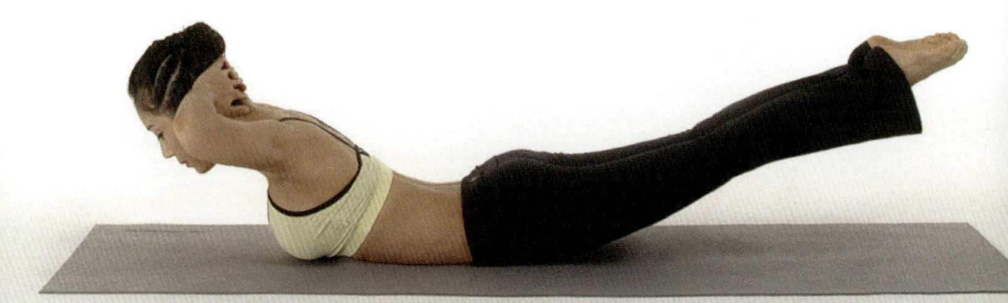

Shalabhasana

Locust Pose
(Variation)

Shalabhasana

Locust Pose
(Variation)

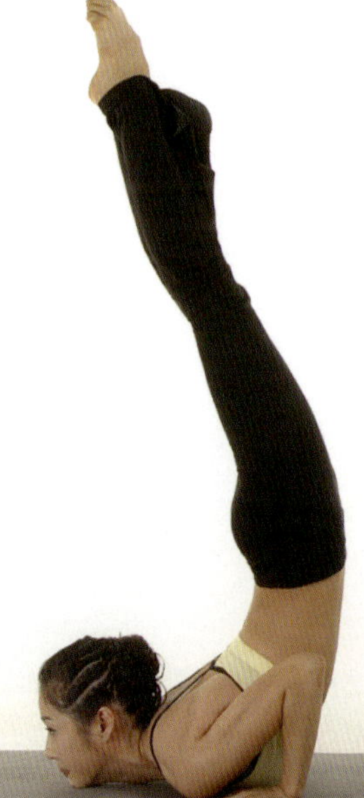

Shalabhasana

Locust Pose
(Variation)

Shalabhasana

Locust Pose
(Variation)

340

▶ **누운 영웅 자세**

Supta-Virasana

Sleeping Hero Pose
(Variation)

Supta-Virasana

Sleeping Hero Pose
(Variation)

Vayu-Muktyasana 바유 묵따야아사나 | Wind-Relieving Pose

▶ 바람빼기 자세

346

▶

| Vayu-Muktyasana | Wind-Relieving Pose (Variation)

Wind-Relieving Pose
(Variation)

| Vayu-Muktyasana | Wind-Relieving Pose (Variation)

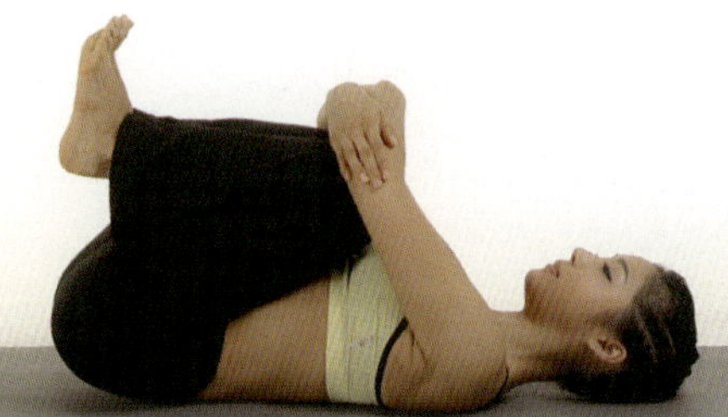

Vayu-Muktyasana | Wind-Relieving Pose
(Variation)

Vayu-Muktyasana

Wind-Relieving Pose (Variation)

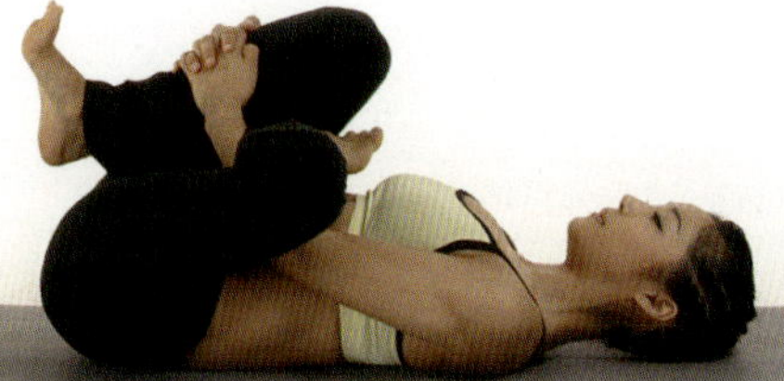

Vayu-Muktyasana | Wind-Relieving Pose
(Variation)

| Vayu-Muktyasana | Wind-Relieving Pose (Variation)

Vayu-Muktyasana

Wind-Relieving Pose
(Variation)

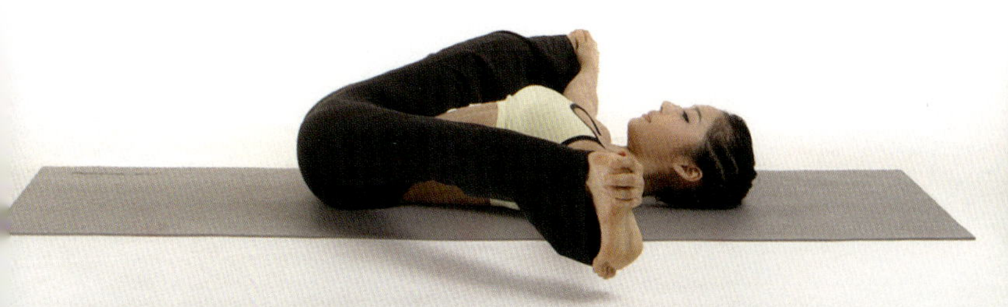

▶ 누워서 엄지발가락 잡고 다리 들어 올리는 자세

Supta-Padangushtasana

Reclining Big Toe Pose
(Beginner)

◄

▶

Supta-Padangushtasana | Reclining Big Toe Posee (Variation)

Jathara-Parivatanasana
자타라 파리바탄아사나

Revolved Abdomen Pose

▶ 누워서 비틀기 자세

Jathara-Parivatanasana | Revolved Abdomen Pose (Beginner)

Revolved Abdomen Pose
(Variation)

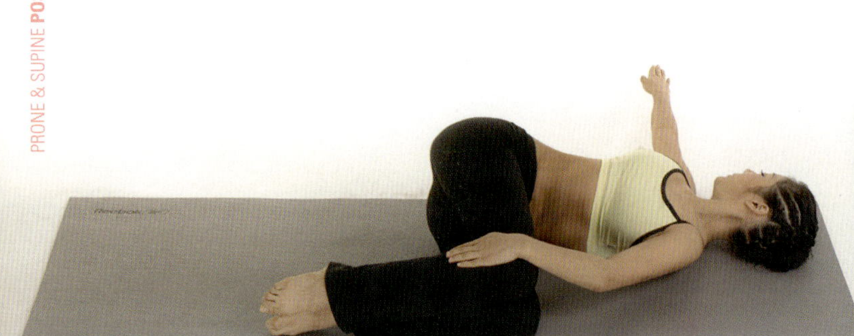

Jathara-Parivatanasana

Revolved Abdomen Pose
(Variation)

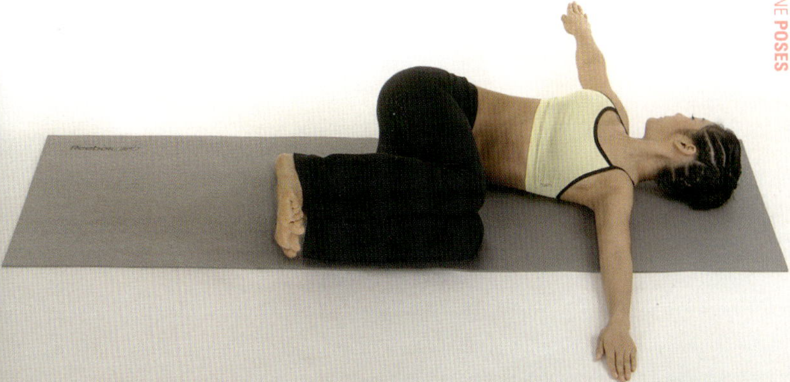

Revolved Abdomen Pose
(Variation)

Jathara-Parivatanasana | Revolved Abdomen Pose
(Variation)

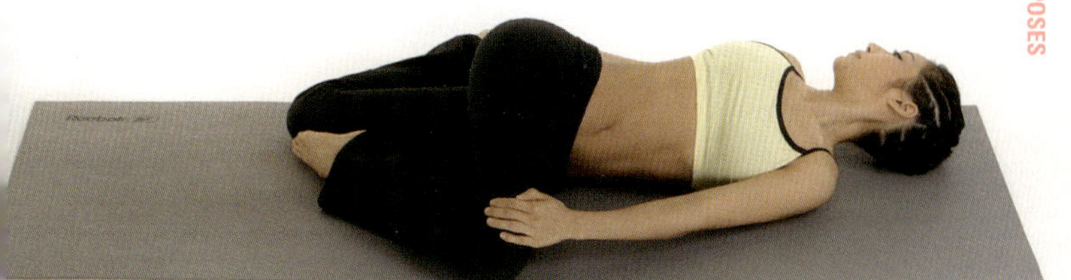

368

내면의 의식을 확장하여
매 순간 깨어있는 상태로 아사나를 행할 때,
우리의 몸, 마음, 지성은 하나가 된다.

ARM BALANCING & INVERSIONS POSES

▶ 까마귀 자세

Bakasana 바카아사나

Crane Pose

▶ 두루미 자세

▶ 두루미 자세

Astavakrasana 아스타바크라아사나   Crooked Pose

▶ 지팡이 자세

Eka-Pada-Koundinyasana

에카 파다 코운딘야아사나

▶ 코운딘야 자세(현인의 자세)

One-Leg Pose of the Sage Koundinya

| Tittibhasana | Firefly Pose (Variation)

Lolasana 롤라아사나

| Pendulum Pose

▶ 앞뒤로 흔들기 자세

378

앞뒤로 흔들기 자세

Bhujapidasana 부자피다아사나

Squeeze the Shoulders Pose

▶ 어깨를 감싸안아 버티는 자세

Dwi-Pada-Koundinyasana
드위 파다 코운딘야아사나

Two-Leg Pose of the Sage Koundinya

▶ 코운딘야 자세(현인의 자세)

380

Vasishthasana 바시스타아사나

Pose of the Sage Vasishtha (Preparation)

▶ 바시슈타 자세(현인의 자세)

Vasishthasana

Pose of the Sage Vasishtha

Vishvamitrasana 비쉬바미트라아사나

Pose of the Sage Vishvamitra
(Variation)

▶ 비쉬바미트라 자세(현인의 자세)

383

Eka-Pada-Galavasana

에카 파다 갈라바아사나

One-Leg Pose of the Sage Galava
(Preparation)

▶ 갈라바 자세(현인의 자세)

Eka-Pada-Galavasana | One-Leg Pose of the Sage Galava (Preparation)

▶ 쟁기 자세

Plough Pose
(Beginner)

Halasana

Plough Pose
(Variation)

Halasana

Plough Pose
(Variation)

▶ 어깨서기 자세

Sarvangasana | Shoulder Stand Pose (Beginner)

Sarvangasana

Shoulder Stand Pose
(Variation)

Sarvangasana

Shoulder Stand Pose
(Variation)

Sarvangasana

Shoulder Stand Pose
(Variation)

Shoulder Stand Pose
(Variation)

Shoulder Stand Pose
(Variation)

▶

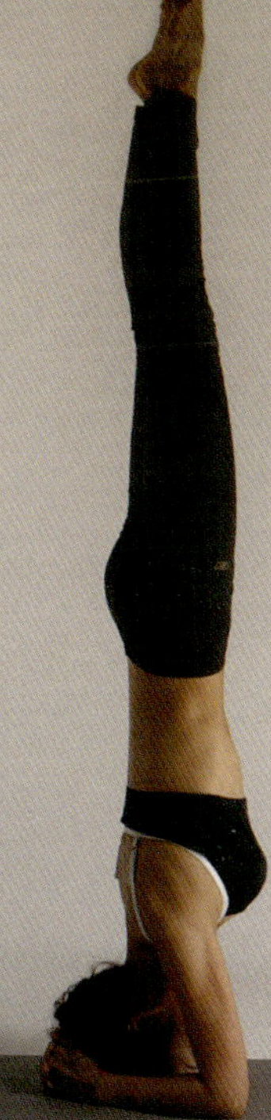

Salamba-Shirshasana I

Supported Head Stand Pose I
(Variation)

404

| Salamba-Shirshasana I | Supported Head Stand Pose I (Variation)

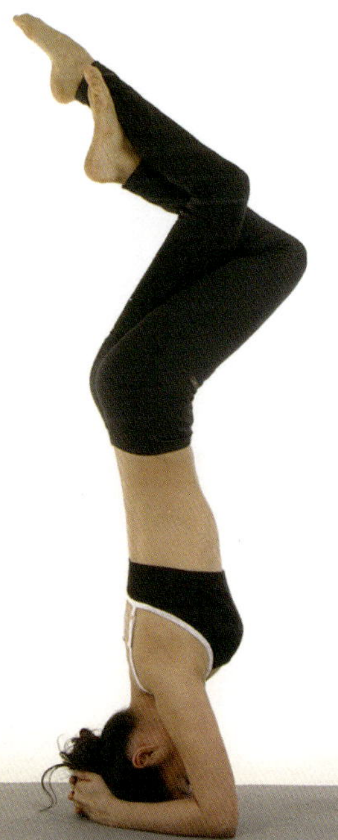

Salamba-Shirshasana I

Supported Head Stand Pose I
(Variation)

◀

Salamba-Shirshasana I

Supported Head Stand Pose I
(Variation)

| Salamba-Shirshasana I | Supported Head Stand Pose I (Variation)

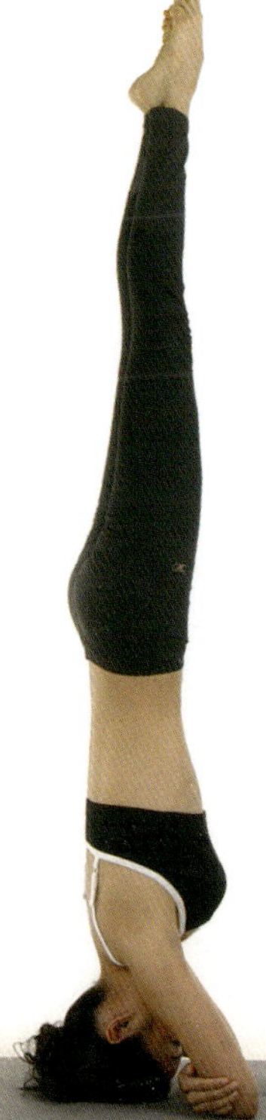

Supported Head Stand Pose I
(Variation)

410

▶ 머리서기 자세 II

411

◀

Salamba-Shirshasana II

Supported Head Stand Pose II (Variation)

Salamba-Shirshasana II | Supported Head Stand Pose II
(Variation)

◄

417

| Salamba-Shirshasana II | Supported Head Stand Pose II
(Variation) |

▶

Salamba-Shirshasana II

Supported Head Stand Pose II
(Variation)

Pincha-Mayurasana 핀차 마유라아사나 | Peacock Feather Pose

▶ 공작새 자세

▶

Vrschikasana

Scorpion Pose
(Variation)

Adho-Mukha-Vrkshasana
아도 무카 브룩샤아사나

Downward Facing Tree Pose / Hand Stand

▶ 거꾸로 향한 나무 자세

Adho-Mukha-Vrkshasana

Downward Facing Tree Pose / Hand Stand (Beginner)

429

430

RELAXATION POSES

▶ 시체 자세

434

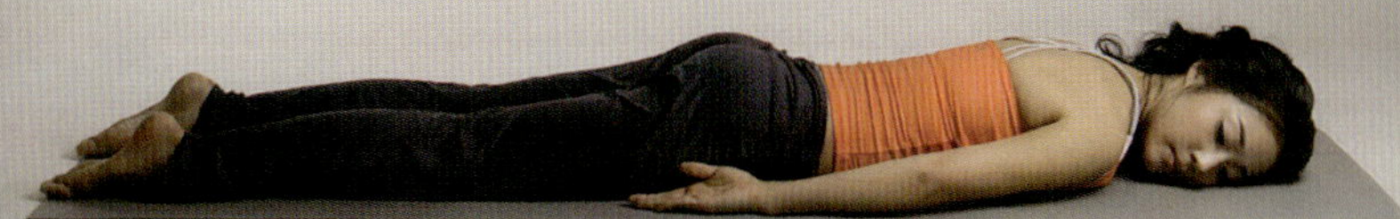

436

438

▶ 누운 나비 자세

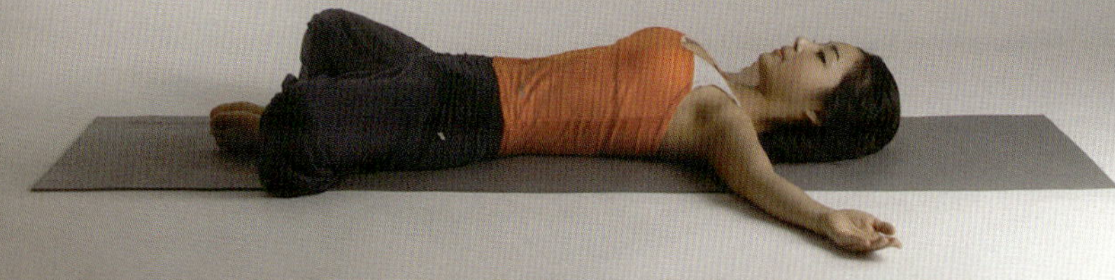

442

▶

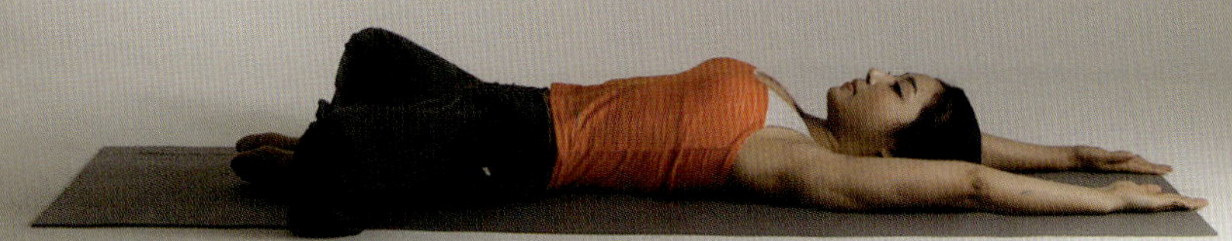

▶ 어린이 자세

MEDITATION POSES

447

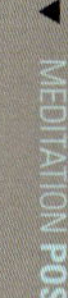

▶

451

▶

454

▶

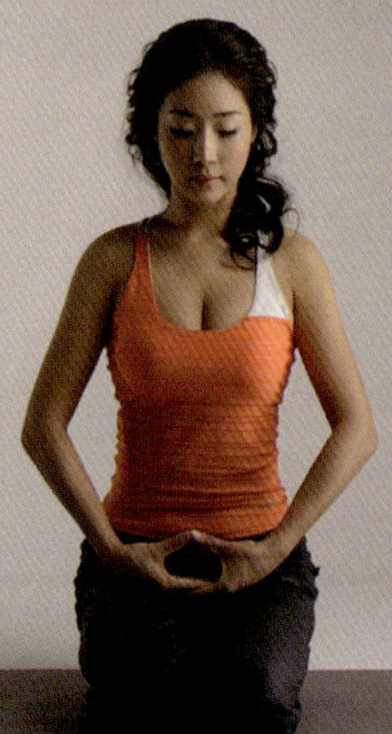